MENSAGEM

Livros do autor na Coleção **L&PM** POCKET:

Cancioneiro
Mensagem
Odes de Ricardo Reis
Poemas de Alberto Caeiro
Poemas de Álvaro de Campos
Poesias
Poesias inéditas e poemas dramáticos
Quadras ao gosto popular

Leia também:

Fernando Pessoa – Obras escolhidas: Mensagem; Poemas de Alberto Caeiro; Odes de Ricardo Reis; Poemas de Álvaro de Campos

FERNANDO PESSOA

Obra poética I

MENSAGEM

Organização, apresentação e notas

Jane Tutikian

www.lpm.com.br

L&PM POCKET

Coleção **L&PM** POCKET, vol. 487

Texto de acordo com a nova ortografia.

Primeira edição na Coleção **L&PM** POCKET: fevereiro de 2006
Esta reimpressão: fevereiro de 2024

Organização, apresentação e notas: Jane Tutikian
Capa: L&PM Editores
Revisão: Bianca Pasqualini

CIP-Brasil. Catalogação na Fonte
Sindicato Nacional dos Editores de livros, RJ

P567m

Pessoa, Fernando, 1888-1935
Mensagem: obra poética I; organização, apresentação e notas Jane Tutikian. – Porto Alegre: L&PM, 2024.
112 p. ; 18 cm. – (Coleção L&PM POCKET, vol. 487)

ISBN 978-85-254-1515-8

1.Poesia portuguesa. I. Tutikian, Jane, 1952-. I. Título. II.Série.

06-0292 CDD 869.1
CDU 820.111(72)-993

Rua Comendador Coruja, 314, loja 9 – Floresta – 90.220-180
Porto Alegre – RS – Brasil / Fone: 51.3225.5777

Pedidos & Depto. comercial: vendas@lpm.com.br
Fale conosco: info@lpm.com.br
www.lpm.com.br

Impresso no Brasil
Verão de 2024

Sumário

Apresentação

Sobre Fernando Pessoa

Falar de Fernando Pessoa não é apenas falar do maior poeta de língua portuguesa do século XX, mas é, também, falar de uma personalidade extremamente controvertida (como a de todo o gênio) e de uma obra vasta, afinal, Pessoa é vários poetas num só.

Filho de Joaquim de Seabra Pessoa, funcionário público e crítico musical, e de Maria Madalena Pinheiro Nogueira, Fernando Antônio Nogueira Pessoa nasce em 13 de junho de 1888 na cidade de Lisboa, e sua primeira infância é marcada por acontecimentos que deixam cicatrizes para toda a vida. Com apenas cinco anos de idade, em 1893, Pessoa perde o pai, que morre de tuberculose, e ganha um irmão, Jorge. A morte de Joaquim traz tantas dificuldades financeiras à família que Madalena e seus filhos são obrigados a baixar o nível de vida, passando a viver na casa de Dionísia, a avó louca do poeta.

São as duas primeiras perdas do menino: o pai, a quem era muito apegado, e a casa. No ano seguinte, 1894, morre também Jorge. E, como para que compensar tudo isso, é nesse ano que Fernando Pessoa "encontra" um amigo invisível: o Chevalier de Pas, ou o Cavaleiro do Nada, "por quem escrevia cartas dele a mim mesmo", diz o poeta, na carta de 1935 ao crítico Casais Monteiro.

Em 1895, dois anos após a morte de Joaquim, Madalena se casa com o comandante João Miguel Rosa, cônsul de Portugal na cidade de Durban, uma colônia inglesa na África do Sul, e é para lá que a família se muda no ano seguinte.

Pouco se sabe a respeito da família nesse período africano, a não ser o nascimento dos irmãos Henriqueta Madalena, Madalena (que morre aos três anos) e João, e algumas notícias sobre a escolaridade de Fernando. Em 1896, ele inicia o curso primário na escola de freiras irlandesas da West Street. Três anos depois, ingressa na Durban High School. Considerado um aluno excepcional, em 1900 é admitido no terceiro ano do liceu e, antes final do ano letivo, é promovido ao quarto ano. Faz em três o que deveria fazer em cinco anos.

O ano seguinte é um ano de alegria, surpresa e descoberta para o adolescente Pessoa: as férias são em Portugal, e só em setembro de 1902 ele regressa a Durban. Foi nessa época, aos 14 anos, que escreveu seu primeiro poema em português que chegou até nós:

> (...)
> Quando eu me sento à janela,
> P'los vidros que a neve embaça
> Julgo ver a imagem dela
> Que já não passa... não passa...

Em 1903, o jovem Fernando Pessoa é admitido na Universidade do Cabo, cursa apenas um ano; alguma coisa no poeta fala mais forte, e, nesse período, ele cria várias "personalidades literárias", ou seja, vários poetas fictícios que vão assinar as poesias que "eles próprios" escrevem. Entre os poetas saídos da imaginação de Pessoa nessa época, destacam-se dois: Alexander Search, um adolescente, como o seu criador, que, inclusive, nasceu no dia do seu aniversário, e Charles Robert Anon, também adolescente, mas totalmente oposto ao temperamento de Fernando. De alguma maneira, começava a se delinear aquilo que faria de Fernando Pessoa um poeta como nenhum outro no mundo: um poeta que, sendo um, era muitos poetas.

Em 1904, a família aumenta; é a vez do nascimento da irmã Maria Clara.

Um ano depois, há uma virada na vida do poeta: ele retorna a Portugal, onde passa a viver com a tia-avó Maria e inscreve-se na Faculdade de Letras, mas, com a criação poética pulsando em toda a sua intensidade, quase não frequenta o curso. O ano seguinte, Pessoa mora com a mãe e o padrasto, que estão em férias em Lisboa; mas morre a irmã Maria Clara, a família volta para Durban, e ele vai morar com a avó e com as tias. É então que desiste, definitivamente, do curso de Letras.

Com a morte da avó, em 1907, Fernando Pessoa recebe uma pequena herança e aplica-a integralmente numa tipografia. Falta-lhe, entretanto, experiência, e o empreendimento logo fracassa. Isso faz com que, em 1908, comece a trabalhar como "correspondente de línguas estrangeiras", ou seja, encarrega-se da correspondência comercial em inglês e francês em escritórios de importações e exportações, profissão que, junto com a de tradutor, desempenhará até o fim da vida.

É em 1912 que Fernando Pessoa conhece outro jovem poeta, de quem se torna grande amigo e parceiro na aventura literária: Mário de Sá-Carneiro. É um momento interessante na vida de Pessoa, e, ao contrário do que se pensa, ele não estreia na literatura com poesias, mas publicando artigos na revista *A Águia*, cujo editor e organizador é o também poeta Teixeira de Pascoais. Seus artigos provocam polêmica junto à intelectualidade portuguesa, até porque ele mexe com o grande ícone da nação: Pessoa anuncia a chegada, para Portugal, de um poeta maior do que Luís de Camões; um supracamões, o que faz com que seja imediatamente criticado. Essa é também a época em que ele passa a viver com a tia preferida, Anica.

O ano seguinte é de muita produção. Ligado às ciências ocultas, escreve os primeiros poemas esotéricos; "Epithalamium", um poema erótico em inglês; "Gládio", que depois usará na *Mensagem*, o poema que conta a história de Portugal; e uma peça de teatro de um único ato chamada "O Marinheiro" – diz-se, inclusive, que escreveu a peça em apenas 48 horas. É também nesse ano que publica, na revista *A Águia*, um texto chamado "Floresta do Alheamento", que, mais tarde, fará parte do *Livro do desassossego*, uma obra escrita durante toda a sua vida de criador.

Mas nenhum dia foi igual àquele 8 de março de 1914: o "dia triunfal". Deixemos que o poeta nos conte:

> "...foi em 8 de março de 1914 – acerquei-me de uma cómoda alta, e, tomando um papel, comecei a escrever, de pé, como escrevo sempre que posso. E escrevi trinta

e tantos poemas a fio, numa espécie de êxtase cuja natureza não conseguirei definir. Foi o dia triunfal da minha vida, e nunca poderei ter outro assim. Abri com um título, *O guardador de rebanhos.* E o que se seguiu foi o aparecimento de alguém em mim, a quem dei desde logo o nome de Alberto Caeiro. Desculpe-me o absurdo da frase: aparecera em mim o meu mestre. Foi essa a sensação imediata que tive. E tanto assim que, escritos que foram esses trinta e tantos poemas, imediatamente peguei noutro papel e escrevi, a fio, também, os seis poemas que constituem a *Chuva oblíqua*, de Fernando Pessoa. Imediatamente e totalmente... Foi o regresso de Fernando Pessoa-Alberto Caeiro a Fernando Pessoa ele só. Ou, melhor, foi a reacção de Fernando Pessoa contra a sua inexistência como Alberto Caeiro. Aparecido Alberto Caeiro, tratei logo de lhe descobrir – instintiva e subconscientemente – uns discípulos. Arranquei do seu falso paganismo o Ricardo Reis latente, descobri-lhe o nome, e ajustei-o a si mesmo, porque nessa altura já o *via.* E, de repente, e em derivação oposta à de Ricardo Reis, surgiu-me impetuosamente um novo indivíduo. Num jacto, e à máquina de escrever, sem interrupção nem emenda, surgiu a *Ode triunfal* de Álvaro de Campos – a ode com esse nome e o homem com o nome que tem. Criei, então, uma *coterie* inexistente. Fixei aquilo tudo em moldes de realidade. Graduei as influências, conheci as amizades, ouvi, dentro de mim, as discussões e as divergências de critérios, e em tudo isto me parece que fui eu, criador de tudo, o menos que ali houve. Parece que tudo se passou independentemente de mim. E parece que assim ainda se passa. [...]Eu *vejo* diante de mim, no espaço incolor mas real do sonho, as caras, os gestos de Caeiro, Ricardo Reis e Álvaro de Campos. Construí-lhes as idades e as vidas." (carta a Casais Monteiro, janeiro de 1935)

Ou seja, em 8 de março de 1914 nascem os heterônimos Alberto Caeiro – que ele logo toma por seu mestre –, Ricardo Reis e Álvaro de Campos; nascem dele, com suas respectivas obras.

Por que heterônimos, e não pseudônimos? Porque, quando usa um pseudônimo, um poeta se esconde atrás de um nome falso. É para esconder o nome verdadeiro que o pseudônimo existe. O heterônimo, ao contrário, não esconde ninguém, é um personagem, criado pelo poeta, que escreve a sua própria obra. Tem nome próprio, obra própria, biografia própria e, sobretudo, um estilo próprio. Esse nome, essa obra, essa biografia e esse estilo são diferentes do nome, da obra, da biografia e do estilo do poeta criador do personagem. Ao criador do heterônimo se dá o nome de ortônimo; foi Fernando Pessoa quem criou essa designação e é o único caso de heteronímia na literatura universal.

E quem são esses heterônimos, esses personagens criados por Pessoa? Deixemos que o poeta mesmo os apresente como os "vê", tal como o fez na carta a Casais Monteiro, em 1935:

> Alberto Caeiro nasceu em 1889 e morreu em 1915; nasceu em Lisboa, mas viveu quase toda a sua vida no campo. Não teve profissão nem educação quase alguma.[...]Caeiro era de estatura média, e, embora realmente frágil (morreu tuberculoso), não parecia tão frágil como era. [...]Cara rapada todos – o Caeiro louro sem cor, olhos azuis; [...]Caeiro, como disse, não teve mais educação que quase nenhuma – só instrução primária; morreram-lhe cedo o pai e a mãe, e deixou-se ficar em casa, vivendo de uns pequenos rendimentos.

Vivia com uma tia velha, tia-avó.[...]Como escrevo em nome desses três?... Caeiro, por pura e inesperada inspiração, sem saber ou sequer calcular o que iria escrever [...]Caeiro escrevia mal o português [...]

Quanto a Ricardo Reis:

Ricardo Reis nasceu em 1887 (não me lembro do dia e mês, mas tenho-os algures) no Porto, é médico e está presentemente no Brasil. [...]Ricardo Reis é um pouco, mas muito pouco, mais baixo, mais forte, mas seco. (Do que Caeiro, que era de estatura média) [...]
Cara rapada todos - [...] Reis de um vago moreno mate; [...] Ricardo Reis, educado num colégio de jesuítas, é, como disse, médico; vive no Brasil desde 1919, pois se expatriou espontaneamente por ser monárquico. É um latinista por educação alheia, e um semi-helenista por educação própria.[...]Como escrevo em nome desses três? [...] Ricardo Reis, depois de uma deliberação abstrata, que subitamente se caracteriza numa ode.[...]Reis escreve melhor do que eu, mas com um purismo que considero exagerado. [...]

Quanto a Álvaro de Campos:

[...]Álvaro de Campos (o mais histericamente histérico de mim) [...]Álvaro de Campos nasceu em Tavira, no dia 15 de outubro de 1890 (à 1,30 da tarde, diz-me o Ferreira Gomes; e é verdade, pois, feito o horóscopo para essa hora, está certo). Este, como sabe, é engenheiro naval (por Glasgow), mas agora está aqui em Lisboa em inactividade.[...]Álvaro de Campos é alto (1,75 m de altura, mais 2 cm do que eu), magro e um pouco tendente a curvar-se. Cara rapada todos – [...] Campos entre branco e moreno, tipo vagamente de

> judeu português, cabelo, porém, liso e normalmente apartado ao lado, monóculo.[...]Álvaro de Campos teve uma educação vulgar de liceu; depois foi mandado para a Escócia estudar engenharia, primeiro mecânica e depois naval. Numas férias fez a viagem ao Oriente de onde resultou o *Opiário*. Ensinou-lhe latim um tio beirão que era padre. Como escrevo em nome desses três?[...] Campos, quando sinto um súbito impulso para escrever e não sei o quê.[...] Caeiro escrevia mal o português, Campos razoavelmente mas com lapsos como dizer «eu próprio» em vez de «eu mesmo» etc. [...] O difícil para mim é escrever a prosa de Reis – ainda inédita – ou de Campos. A simulação é mais fácil, até porque é mais espontânea, em verso.

E, embora criações suas, são, de fato, poetas diferentes de Fernando Pessoa, na medida em que cada um deles possui uma forma diferente de estar no mundo e transforma esse estar em verso. E, mais ainda, é interessante observar a coerência existente entre a biografia deles e sua obra. Caeiro é o homem ligado à natureza, ele só acredita mesmo no que ouve e no que vê. Para ele, não existe mistério:

> O que nós vemos das coisas são as coisas.
> Por que veríamos nós uma coisa se houvesse outra?
> Por que é que ver e ouvir seria iludirmo-nos
> Se ver e ouvir são ver e ouvir?
>
> O essencial é saber ver,
> Saber ver sem estar a pensar,
> Saber ver quando se vê,
> E nem pensar quando se vê,
> Nem ver quando se pensa. [...]

Ricardo Reis faz uma poesia clássica, pagã, preocupada com a passagem tão rápida do tempo, que tudo aniquila, no melhor estilo do poeta da Antiguidade, Horácio:

> Tão cedo passa tudo quanto passa!
> Morre tão jovem ante os deuses quanto
> Morre! Tudo é tão pouco!
> Nada se sabe, tudo se imagina.
>
> Circunda-te de rosas, ama, bebe
> E cala. O mais é nada.

Álvaro de Campos, ao contrário de Reis, é o poeta da modernidade, da euforia e do desencanto da modernidade; é o poeta da irreverência total a tudo e a todos:

LISBON REVISITED

> Não: não quero nada.
> Já disse que não quero nada.
> Não me venham com conclusões!
> A única conclusão é morrer.
> Não me tragam estéticas!
> Não me falem em moral!
> Tirem-me daqui a metafísica!
> Não me apregoem sistemas completos, não me
> [enfileirem conquistas
> Das ciências (das ciências, Deus meu, das ciências!) –
> Das ciências, das artes, da civilização moderna!
>
> Que mal fiz eu aos deuses todos?
> Se têm a verdade, guardem-na (...)

E há ainda um semi-heterônimo, Bernardo Soares, o ajudante de guarda-livros de um escritório de Lisboa. Por que semi-heterônimo? Pessoa explica:

> É um semi-heterónimo porque, não sendo a personalidade a minha, é, não diferente da minha, mas uma simples mutilação dela. Sou eu menos o raciocínio e a afectividade. A prosa, salvo o que o raciocínio dá de *ténue* à minha, é igual a esta, e o português perfeitamente igual...

O ano de 1915 foi outro ano importante na vida deste poeta múltiplo e genial e na Literatura Portuguesa do século XX: o ano da criação da *Revista Orpheu*, que revoluciona a criação literária portuguesa, dando início ao Modernismo naquele país. A revista tem apenas dois números publicados (o terceiro viria a público somente na década de 80). Isso, entretanto, não desanima Pessoa; o que o deixa verdadeiramente deprimido é o suicídio do amigo Mário, no ano seguinte, em Paris. Então, além da sua própria produção, publicada sobretudo em revistas como *Portugal Futurista*, Fernando Pessoa toma para si o encargo de organizar a obra de Sá-Carneiro.

O poeta conhece, em 1920, a secretária Ophélia Queiroz, a quem passa a namorar. Nesse mesmo ano, em outubro, atravessa uma depressão tão profunda que chega a pensar em internar-se numa casa de saúde. Rompe com Ophélia. Sua mãe, Madalena, morre em 17 de março de 1925. Seu próprio estado psicológico inquieta o poeta e ele escreve a um amigo manifestando o desejo de ser hospitalizado. É interessante observar que Pessoa era perseguido por uma espécie de consciência de seu estado psíquico, tanto que, quando, pouco antes de morrer, ele escreve a carta ao crítico Adolfo Casais Monteiro explicando como nasceram os heterônimos, ele diz, ainda que ironizando, que é um histeroneurastênico:

> Há em mim fenómenos de abulia que a histeria, propriamente dita, não enquadra no registo dos seus sintomas. Seja como for, a origem mental dos meus heterónimos está na minha tendência orgânica e constante para a despersonalização e para a simulação. Estes fenómenos – felizmente para mim e para os outros – mentalizaram-se em mim; quero dizer, não se manifestam na minha vida prática, exterior e de contacto com outros; fazem explosão para dentro e vivo-os eu a sós comigo. Se eu fosse mulher – na mulher os fenómenos histéricos rompem em ataques e cousas parecidas – cada poema de Álvaro de Campos (o mais histericamente histérico de mim) seria um alarme para a vizinhança. Mas sou homem – e nos homens a histeria assume principalmente aspectos mentais; assim tudo acaba em silêncio e poesia...

Nesse momento, está nascendo em Portugal uma outra geração literária. Em 1927, é publicada a *Revista Presença*, e com ela tem início o Presencismo, ou o segundo Modernismo português. Um dos grandes feitos dessa nova geração de poetas é o reconhecimento de Fernando Pessoa como seu mestre, fazendo com que Portugal comece a olhar com outros olhos para o seu maior poeta do século. É um momento importante para Fernando Pessoa que, em 1929, volta a se relacionar com Ophélia. Nesse mesmo ano, publica fragmentos do *Livro do desassossego*, creditando-os a Bernardo Soares. O namoro com Ophélia, porém, não prospera e, no ano seguinte, há o rompimento definitivo. Curiosamente, tudo indica que o problema foi o ciúme levantado por Álvaro de Campos, o heterônimo.

O ano de 1931 traz consigo o poema "Autopsicografia", talvez o poema mais conhecido do autor:

O poeta é um fingidor.
Finge tão completamente
Que chega a fingir que é dor
A dor que deveras sente.

E os que leem o que escreve,
Na dor lida sentem bem,
Não as duas que ele teve,
Mas só a que eles não têm.

E assim nas calhas de roda
Gira, a entreter a razão,
Esse comboio de corda
Que se chama o coração.

Aí, o poeta explica o que para ele é a criação de um poema, sugerindo que existem duas dores, a que o poeta sente e a que ele cria na poesia, e é a segunda que o torna um fingidor. E foi o que Fernando Pessoa fez: fingiu tão completamente ser outros que não conseguiu encontrar a si mesmo. Mas isso se justifica: para o poeta, o fingimento é a forma de chegar à verdade essencial, e só se pode chegar à verdade essencial através do poema.

O ano anterior ao da sua morte é um ano profícuo. Há como que uma espécie de retorno à simplicidade das coisas, e o poeta escreve mais de trezentas quadras populares.

É também nesse ano que Pessoa finaliza *Portugal*, o poema épico português do século XX que depois será chamado de *Mensagem*, e o inscreve no Prêmio Antero de Quental, concurso literário instituído pelo Secretariado Nacional de Propaganda. Fernando Pessoa fica apenas em segundo lugar: seu livro tinha um número muito reduzido de páginas e não atendia à orientação do Estado Novo, a ditadura de Salazar. A obra vencedora foi *Romaria*, uma seleção de poemas do Padre Vasco Reis, hoje totalmente desconhecido.

Em 1935, Fernando Pessoa escreve a famosa carta ao crítico Adolfo Casais Monteiro, datada de 13 de janeiro, em que explica como nasceram os heterônimos e na qual se revela um ocultista, um místico. É uma espécie de revelação final, apoteótica. Em 29 de novembro, é internado no hospital com o diagnóstico de cólica hepática. A sua última frase, escrita em inglês, é: "*I know not what tomorrow will bring*" (Eu não sei o que o amanhã trará). Seu último pedido, em português, foi para que lhe alcançassem os óculos. Morre no dia 30 de novembro de 1935, às 20h30, aos 47 anos, de cirrose hepática.

Deixou toda sua obra – mais de 27 mil papéis – dentro de uma grande arca, comprada pelo Estado português em 1979 e depositada na Biblioteca Nacional e reprivatizada há cerca de nove anos. Esses documentos vêm sendo estudados e divulgados por uma equipe coordenada por Teresa Rita Lopes, sob a chancela da editora Assírio & Alvim. São ensaios, mais de mil poemas, três heterônimos, um semi-heterônimo desdobrado em dois (Vicente Guedes e Bernardo Soares), mais de setenta pequenos heterônimos (sem obra consistente), cartas, contos, teatro, textos políticos, notas etc. É a obra do fingidor, do polêmico, do criador de vanguardas, do ocultista, do poeta dramático, do poeta das quadras populares e do questionador em busca de ser, que foi tanto a sua criação que se perdeu de si mesmo:

> Quem sou, que assim me caminhei sem eu
> Quem são, que assim me deram aos bocados
> À reunião em que acordo e não sou meu?"

Logo após a morte do poeta, o irmão João Nogueira faz uma conferência e afirma que ninguém na família adivinhava que Fernando Pessoa, "uma pessoa muito inteligente e muito divertida", "resultaria em génio...". A verdade é que o mundo também levou muito tempo para descobrir.

Sobre *Mensagem*

Mensagem, de Fernando Pessoa, é a grande épica portuguesa do século XX, mas se a epopeia é um poema narrativo que mostra os feitos heroicos de um povo numa perspectiva histórica, ele constrói a sua de uma forma própria. É o que faz da obra um poema de rara beleza e grandiosidade.

Lançado comercialmente em 1º de dezembro 1934, foi o único livro de poemas, em língua portuguesa, que Fernando Pessoa publicou em vida; o resto de sua obra, além dos inéditos, foi publicado em revistas. Diz o poeta na famosa carta escrita ao crítico Adolfo Casais Monteiro, em 13 de janeiro de 1935:

> Concordo consigo, disse, em que não foi feliz a estreia, que de mim mesmo fiz, com a publicação de «*Mensagem*». Mas concordo com os factos que foi a melhor estreia que eu poderia fazer. Precisamente porque essa faceta – em certo modo secundária – da minha personalidade não tinha nunca sido suficientemente manifestada nas minhas colaborações em revistas (excepto no caso do *Mar Português*, parte deste mesmo livro) – precisamente por isso convinha que ela aparecesse, e que aparecesse agora. Coincidiu, sem que eu o planeasse ou o premeditasse (sou incapaz de premeditação prática), com um dos momentos críticos (no sentido original da palavra) da remodelação do subconsciente nacional. O que fiz por acaso e se completou por conversa, fora exactamente talhado, com Esquadria e Compasso, pelo Grande Arquitecto."

Mensagem começou a ser escrito em julho de 1913 (data do poema mais antigo), tendo sido finalizado em 26 de março de 1934 (data do poema mais recente); entretanto, em 1922, já havia publicado uma série de poemas com o título *Mar Português*. Diz-se, que a grande maioria dos poemas foi escrita entre 1928 e 1934.

O primeiro passo para a leitura da épica pessoana está na própria concepção de mundo do poeta: ele é um seguidor das ciências ocultas, e é preciso penetrar nesse mundo para acompanhar a obra que foi, durante tanto tempo, incompreendida pelos próprios portugueses. Aliás, Fernando Pessoa nos dá a fórmula, quando requer dos leitores cinco qualidades para que possam compreender o significado de *Mensagem*: simpatia, intuição, inteligência, compreensão e a graça ou divina compreensão.

Mensagem é, antes de tudo, a interpretação esotérica da história portuguesa, entendendo-se por esotérica a doutrina secreta que une Maçonaria, Rosa-Cruz[1] e religiões de caráter iniciático, secreto.

O poeta reconstrói a história de Portugal a partir dos três grandes mitos: 1) o rei escondido na ilha, o salvador; 2) a audácia do impossível e 3) o fundador que veio de longe. O primeiro diz respeito à visão salvadora que configura o Sebastianismo[2], visão essa que chega

---

1. Fraternidade ou sociedade esotérica criada em 1614. Caracteriza-se por ser a síntese do Ocultismo Medieval, articulando entre si hermetismo egípcio, gnosticismo cristão, cabalismo judaico e alquimia medieval.

2. Dom Sebastião é um herói trágico, morto na batalha contra os mouros, na África, em Alcácer Quibir, em 1578, aos 24 anos de idade, cuja ambição era tornar-se o grande imperador do Quinto e último Império: o de Cristo sobre a face da Terra, dominando todos os continentes, de Ocidente a Oriente. Seu corpo nunca foi resgatado, e sua morte colocou Portugal sob o domínio dos Felipes, da Espanha.
Ao cair sob o domínio espanhol, Portugal, o primeiro país da Europa a constituir um Estado absolutista e mercantilista, o país que mostrou ao mundo, alargando a geografia humana por meio das navegações, uma parte desconhecida de si mesmo, volta-se para o messianismo, para a ideia de que D. Sebastião voltará para tirar Portugal da decadência, fundando um novo reino.

a Fernando Pessoa por intermédio do padre Antônio Vieira, de quem o poeta foi grande admirador. O segundo liga-se ao espírito arrojado dos portugueses, que fez com que se lançassem à navegação e, consequentemente, aos descobrimentos marítimos. O terceiro refere-se a Ulisses, tido como fundador mítico de Lisboa. Mas é, sobretudo, no primeiro que a obra se debruça.

Ao criar através dos seus grandes heróis do passado uma pátria ideal, grandiosa, ele a opõe à pátria real, do presente: um retrato de um Portugal decadente, o do início do século XX. Mas *Mensagem* é muito mais do que isso.

O poema tem uma estrutura complexa e uma forte carga simbólica. Inicialmente, ele se chamava "Portugal", porém, por sugestão do amigo Cunha Dias, que considerou o título patriótico e comercial, e porque, segundo o crítico João Gaspar Simões, Fernando Pessoa o achava por demais ambicioso, o poeta o trocou por *Mensagem.*

A épica pessoana é formada por 44 poemas curtos, que compõem retratos de seres reais, seres lendários e do próprio país. O que os seres têm em comum é o fato de terem colocado o sonho da grandeza portuguesa acima de qualquer projeto de grandeza pessoal. O livro é organizado em três partes:

1. "Brasão", que trata dos heróis fundadores da nação, mostrando todo o passado glorioso português. Esses personagens, heróis a serviço da vontade divina, são distribuídos de modo a "desenharem" o brasão real português do século XV, formado por dois campos: o dos Castelos e o das Quinas (cinco escudos que figuram

nas armas de Portugal), pela coroa e pelo grifo (animal fabuloso com cabeça de águia e garras de leão).

2. "Mar Português" trata do período áureo das navegações e seus heróis. Apresenta as principais etapas da expansão ultramarina que levou Portugal a ocupar um lugar de destaque no mundo durante os séculos XV e XVI.

3. "O Encoberto" é a parte mais fantástica do poema. Ela é dedicada ao rei D. Sebastião e ao mito do Quinto Império, sob a ótica da Rosa Cruz. Aí, inesperada e genialmente, Fernando Pessoa rompe de vez com o modelo épico para falar sobre a decadência do presente.

É importante notar que essa estrutura remete ao esoterismo. As subdivisões da obra correspondem a uma estrutura numerológica esotérica, através dos números 3, 5, 7 e 12. Além da numerologia, vários símbolos esotéricos se fazem notar no poema, ele está carregado do simbolismo rosacruciano.

Na verdade, ainda que a *Mensagem* tenha um discurso épico, a estrutura tripartida foge totalmente aos padrões clássicos. Enquanto a estrutura clássica se rege pela uniformidade, *Mensagem* se constrói através das várias vozes que cantam Portugal e através de poemas das mais variadas formas, números de versos e combinações de rimas.

O mar, tão forte nos poemas épicos clássicos, é, em *Mensagem*, retomado como algo muito mais ligado ao passado do que ao presente, porque no presente não é permitido lançar-se à aventura marítima. O rei não permite, e Deus não quer; assim a viagem que então se faz é de outra ordem, não é mais marítima, é uma viagem espiritual. Isso engrandece o poema, ele ultrapassa Portugal para tornar-se universal, para tornar-se uma mensagem à humanidade na viagem de busca da história, do homem e do sentido da vida.

Enquanto lá na épica clássica o foco é colocado sobre o passado, aqui a ênfase é dada ao futuro. *Mensagem* canta um passado eterno, glorioso, de Portugal dono dos mares e conquistador, e um presente decadente:

> Nem rei nem lei, nem paz nem guerra,
> Define com perfil e ser
> Este fulgor baço da terra
> Que é Portugal a entristecer –
> [...]
> Ninguém sabe que coisa quer.
> Ninguém conhece que alma tem,
> Nem o que é mal nem o que é bem.
> (Que ânsia distante perto chora?)
> Tudo é incerto e derradeiro.
> Tudo é disperso, nada é inteiro.
> Ó Portugal, hoje és nevoeiro...
>
> É a hora!

Quanto ao futuro, ele se concentra no verso "É a hora!". Ele interrompe a sensação da decadência: é a hora da chegada da realidade ideal, do Quinto Império espiritual, o Império da Perfeição, encarnado em D. Sebastião. O passado glorioso pode ser futuro, basta que Portugal, escolhido por Deus, desperte com a chegada do Encoberto que traz consigo a Nova Idade de Ouro da Humanidade de que o poeta, esse intermediário entre o humano e o divino, é o mensageiro.

***

Fernando Pessoa escreveu *Mensagem* utilizando uma ortografia anterior à reforma portuguesa de 1911, portanto, uma grafia antiquada. Mantê-la, hoje, significaria criar dificuldade para o entendimento da obra. Por essa razão, a versão que a L&PM optou por apresentar aos seus leitores traz o poema com a grafia atualizada.

Jane Tutikian

Mensagem

Benedictus dominus deus
Noster qui dedit nobis
Signum[1]

1. Bendito o Senhor nosso Deus, que nos deu o sinal. (Que fez dos portugueses o povo escolhido.)

Fernando Pessoa traduziu assim: Bendito seja Deus nosso Senhor, que nos deu o Verbo.

Primeira parte

Brasão

Bellum sine bello[2]

2. Guerra sem guerra.

I

Os campos

Primeiro

O dos castelos

A Europa jaz, posta nos cotovelos:
De Oriente a Ocidente jaz, fitando,
E toldam-lhe românticos cabelos
Olhos gregos, lembrando.

O cotovelo esquerdo é recuado;
O direito é em ângulo disposto.
Aquele diz Itália onde é pousado;
Este diz Inglaterra onde, afastado,
A mão sustenta, em que se apoia o rosto.

Fita, com olhar esfíngico e fatal,
O Ocidente, futuro do passado.

O rosto com que fita é Portugal.[3]

---

3. Escrito em 08/12/1928. Observa-se, no poema, a descrição que o poeta faz da Europa, tal qual um retrato de mulher. A par do Império da Cristandade, na Itália, do mercantilista representado pela Inglaterra, há, ainda, para o Ocidente, a se descortinar aquele que será o do "futuro do passado", o de retomada, no futuro, de um passado glorioso, na perspectiva de Pessoa, o Quinto Império. E o rosto com que a Europa olha para esse novo Império é Portugal.

Segundo

O das quinas

Os Deuses vendem quando dão.
Compra-se a glória com desgraça.
Ai dos felizes, porque são
Só o que passa!

Baste a quem baste o que lhe basta
O bastante de lhe bastar!
A vida é breve, a alma é vasta:
Ter é tardar.

Foi com desgraça e com vileza
Que Deus ao Cristo definiu:
Assim o opôs à Natureza
E Filho o ungiu.[4]

---

4. Escrito em 08/12/1928. O poema traz a lógica Cristã da salvação pelo sofrimento: Deus concebeu Cristo para ser desgraçado e vil e sagrou-o Filho, o portador da Graça, mostrando seu caminho espiritual. As quinas, que referem aos cinco escudos das armas de Portugal, simbolizam também as chagas, a espiritualidade, que, para ser atingida, exige o sacrifício da felicidade material.

II

Os castelos

Primeiro

Ulisses

O mito é o nada que é tudo.
O mesmo sol que abre os céus
É um mito brilhante e mudo –
O corpo morto de Deus,
Vivo e desnudo.

Este, que aqui aportou,
Foi por não ser existindo.
Sem existir nos bastou.
Por não ter vindo foi vindo
E nos criou.

Assim a lenda se escorre
A entrar na realidade,
E a fecundá-la decorre.
Em baixo, a vida, metade
De nada, morre.[5]

5. O poema refere a Ulisses, herói lendário da *Odisseia* e fundador mítico de Lisboa, onde teria aportado numa das suas navegações. Para Fernando Pessoa, o mito é energia que se confunde com as origens. Nesse sentido, a vida é menos importante do que o mito, até porque ele é perene.

Segundo

Viriato

Se a alma que sente e faz conhece
Só porque lembra o que esqueceu,
Vivemos, raça, porque houvesse
Memória em nós do instinto teu.

Nação porque reencarnaste,
Povo porque ressuscitou
Ou tu, ou o de que eras a haste –
Assim se Portugal formou.

Teu ser é como aquela fria
Luz que precede a madrugada,
E é já o ir a haver o dia
Na antemanhã, confuso nada.[6]

6. Escrito em 22/01/1934.Viriato foi o chefe da resistência portuguesa aos romanos, no séc. II a. C. Para Fernando Pessoa, o espírito nacional, a identidade portuguesa e a independência existem porque existe a reminiscência desse instinto personificado por Viriato.

Terceiro

O conde D. Henrique

Todo começo é involuntário.
Deus é o agente,
O herói a si assiste, vário
E inconsciente.

À espada em tuas mãos achada
Teu olhar desce.
"Que farei eu com esta espada?"

Ergueste-a, e fez-se.[7]

Quarto

D. Tareja

As nações todas são mistérios.
Cada uma é todo o mundo a sós.
Ó mãe de reis e avó de impérios,
Vela por nós!

---

7. Segundo Pessoa, o Destino, traçado por Deus desde os primórdios, rege a História. Assim, aqueles que, na terra, fazem a História não são mais do que agentes da vontade divina.

Teu seio augusto amamentou
Com bruta e natural certeza
O que, imprevisto, Deus fadou.
Por ele reza!

Dê tua prece outro destino
A quem fadou o instinto teu!
O homem que foi o teu menino
Envelheceu.

Mas todo vivo é eterno infante
Onde estás e não há o dia.
No antigo seio, vigilante,
De novo o cria![8]

Quinto

D. Afonso Henriques

Pai, foste cavaleiro.
Hoje a vigília é nossa.
Dá-nos o exemplo inteiro
E a tua inteira força!

Dá, contra a hora em que, errada,
Novos infiéis vençam,

---

8. Escrito em 24/09/1928. D. Tareja é a versão arcaica do nome de D. Teresa, mãe de D. Afonso Henriques.

A bênção como espada,
A espada como bênção![9]

Sexto

D. Dinis

Na noite escreve um seu Cantar de Amigo
O plantador de naus a haver,
E houve um silêncio múrmuro consigo:
É o rumor dos pinhais que, como um trigo
De Império, ondulam sem se poder ver.

Arroio, esse cantar, jovem e puro,
Busca o oceano por achar;
E a fala dos pinhais, marulho obscuro,
É o som presente desse mar futuro,
É a voz da terra ansiando pelo mar.[10]

---

9. D. Afonso Henrique, a quem Fernando Pessoa se dirige como pai, pai da nacionalidade portuguesa, foi o primeiro rei de Portugal, venceu os mouros em Campo de Ourique e tornou-se notável por suas conquistas.

10. Escrito em 09/02/1934. D. Dinis, o rei trovador, criador da Universidade de Lisboa, criador da Ordem dos Templários e organizador da marinha, realizou a reflorestação de Portugal por meio do plantio de matas de pinheiros bravos. A madeira foi depois utilizada na construção das caravelas das Descobertas.

Sétimo (i)

D. João o Primeiro

O homem e a hora são um só
Quando Deus faz e a história é feita.
O mais é carne, cujo pó
A terra espreita.

Mestre, sem o saber, do Templo
Que Portugal foi feito ser,
Que houveste a glória e deste o exemplo
De o defender,

Teu nome, eleito em sua fama,
É, na ara da nossa alma interna,
A que repele, eterna chama,
A sombra eterna.[11]

Sétimo (ii)

D. Filipa de Lencastre

Que enigma havia em teu seio
Que só gênios concebia?
Que arcanjo teus sonhos veio
Velar, maternos, um dia?

---

11. Escrito em 12/02/1934. Aqui o poeta reitera a ideia de que o Destino está traçado por Deus, o homem é o agente.

Volve a nós teu rosto sério,
Princesa do Santo Gral,
Humano ventre do Império,
Madrinha de Portugal![12]

---

12. Escrito em 26/09/1928. "Madrinha de Portugal", destinada por Deus a ser mãe dos príncipes e do Infante D. Henrique, da grandeza de Portugal".

III

As quinas

Primeira

D. Duarte
Rei de Portugal

Meu dever fez-me, como Deus ao mundo.
A regra de ser Rei almou meu ser,
Em dia e letra escrupuloso e fundo.

Firme em minha tristeza, tal vivi.
Cumpri contra o Destino o meu dever.
Inutilmente? Não, porque o cumpri.[13]

Segunda

D. Fernando
Infante de Portugal

Deu-me Deus o seu gládio, por que eu faça
A sua santa guerra.
Sagrou-me seu em honra e em desgraça,
Às horas em que um frio vento passa
Por sobre a fria terra.

Pôs-me as mãos sobre os ombros e doirou-me
A fronte com o olhar;

---

13. Escrito em 26/09/1928. D. Duarte, rei humanista, é tido como uma espécie de mártir do dever. Viveu a vida para cumprir seu reinado.

E esta febre de Além, que me consome,
E este querer grandeza são seu nome
Dentro em mim a vibrar.

E eu vou, e a luz do gládio erguido dá
Em minha face calma.
Cheio de Deus, não temo o que virá,
Pois, venha o que vier, nunca será
Maior do que a minha alma.[14]

Terceira

D. Pedro
Regente de Portugal

Claro em pensar, e claro no sentir,
É claro no querer;
Indiferente ao que há em conseguir
Que seja só obter;
Dúplice dono, sem me dividir,
De dever e de ser –

Não me podia a Sorte dar guarida
Por não ser eu dos seus.

---

14. Escrito em 21/07/1913. Primeiro dos poemas de *Mensagem* a ser escrito. Destinava-se a servir de mote à obra (que então deveria se chamar *Portugal*). D. Fernando é o Infante Santo, que morreu refém em Marrocos.

Assim vivi, assim morri, a vida,
Calmo sob mudos céus,
Fiel à palavra dada e à ideia tida.
Tudo mais é com Deus![15]

Quarta

D. João
Infante de Portugal

Não fui alguém. Minha alma estava estreita
Entre tão grandes almas minhas pares,
Inutilmente eleita,
Virgemente parada;

Porque é do português, pai de amplos mares,
Querer, poder só isto:
O inteiro mar, ou a orla vã desfeita -
O todo, ou o seu nada.[16]

15. Escrito em 15/02/1934. Também D. Pedro foi fiel ao dever.

16. Escrito em 28/03/1930. Para o português interessa o mar inteiro, não parte dele.

QUINTA

D. Sebastião
Rei de Portugal

Louco, sim, louco, porque quis grandeza
Qual a Sorte a não dá.
Não coube em mim minha certeza;
Por isso onde o areal está
Ficou meu ser que houve, não o que há.

Minha loucura, outros que me a tomem
Com o que nela ia.
Sem a loucura que é o homem
Mais que a besta sadia,
Cadáver adiado que procria?[17]

17. Escrito em 20/02/1933. D. Sebastião representou para Portugal todos os sonhos de grandeza, além das circunstâncias históricas. Morreu jovem, em Alcácer Quibir, lutando contra os mouros em 1578. Para o poeta, sua alma é eterna e, sem o sonho, o homem é apenas um animal.

IV

A coroa

Nun'Álvares Pereira

Que auréola te cerca?
É a espada que, volteando,
Faz que o ar alto perca
Seu azul negro e brando.

Mas que espada é que, erguida,
Faz esse halo no céu?
É Excalibur, a ungida,
Que o Rei Artur te deu.

'Sperança consumada,
S. Portugal em ser,
Ergue a luz da tua espada
Para a estrada se ver![18]

---

18. Escrito em 08/12/1928. Neste poema, Pessoa evoca o guerreiro e santo condestável, herói de Aljubarrota em 1385 e beatificado em 1918. O poeta pede a ele que ilumine, com a luz da sua espada, o caminho para a grandeza de Portugal.

V

O timbre

A cabeça do grifo
O infante D. Henrique

Em seu trono entre o brilho das esferas,
Com seu manto de noite e solidão,
Tem aos pés o mar novo e as mortas eras –
O único imperador que tem, deveras,
O globo mundo em sua mão.[19]

Uma asa do grifo
D. João o Segundo

Braços cruzados, fita além do mar.
Parece em promontório uma alta serra –
O limite da terra a dominar
O mar que possa haver além da terra.

Seu formidável vulto solitário
Enche de estar presente o mar e o céu.

19. Escrito em 26/09/1928. Filho de D. João I e de D. Filipa de Lencastre, o navegador é a figura central dos descobrimentos e da própria nacionalidade portuguesa. Ao morrer, deixou conhecida a costa africana até Serra Leoa e preparou o feito de Vasco da Gama, 38 anos mais tarde. O único capaz de ter a terra em sua mão.

E parece temer o mundo vário
Que ele abra os braços e lhe rasgue o véu.[20]

A outra asa do grifo
Afonso de Albuquerque

De pé, sobre os países conquistados
Desce os olhos cansados
De ver o mundo e a injustiça e a sorte.
Não pensa em vida ou morte,
Tão poderoso que não quer o quanto
Pode, que o querer tanto
Calcara mais do que o submisso mundo
Sob o seu passo fundo.
Três impérios do chão lhe a Sorte apanha.
Criou-os como quem desdenha.[21]

---

20. Escrito em 26/09/1928. Ficou conhecido como o Príncipe Perfeito. Foi durante seu reinado que Bartolomeu Dias dobrou o cabo da Boa Esperança. Também durante seu reinado foi assinado o Tratado de Tordesilhas. O poeta alerta para o medo do mundo de que ele lhe desvende seus mistérios.

21. Escrito em 26/09/1928. Navegador e militar, tomou a ilha de Ormuz, no Golfo Pérsico, Goa e Málaca, na Ásia. Foi governador das Índias em 1510.

SEGUNDA PARTE

Mar português

Possessio maris[22]

22. Domínio do mar

I
O infante

Deus quer, o homem sonha, a obra nasce.
Deus quis que a terra fosse toda uma,
Que o mar unisse, já não separasse.
Sagrou-te, e foste desvendando a espuma.

E a orla branca foi de ilha em continente,
Clareou, correndo, até ao fim do mundo,
E viu-se a terra inteira, de repente,
Surgir, redonda, do azul profundo.

Quem te sagrou criou-te português.
Do mar e nós em ti nos deu sinal.
Cumpriu-se o Mar, e o Império se desfez.
Senhor, falta cumprir-se Portugal![23]

---

23. Novamente aqui o homem aparece como agente da vontade divina. Era missão do Infante a terra una, e o mar foi desvendado. Entretanto, o Império Português, que perdeu o controle das rotas oceânicas e a hegemonia no Índico, desfez-se. Ainda assim, para o poeta, Portugal está destinado à grandeza futura, o império espiritual, e isso ainda não se cumpriu!

II
Horizonte

Ó mar anterior a nós, teus medos
Tinham coral e praias e arvoredos.
Desvendadas a noite e a cerração,
As tormentas passadas e o mistério,
Abria em flor o Longe, e o Sul sidério
'Splendia sobre as naus da iniciação.

Linha severa da longínqua costa –
Quando a nau se aproxima ergue-se a encosta
Em árvores onde o Longe nada tinha;
Mais perto, abre-se a terra em sons e cores:
E, no desembarcar, há aves, flores,
Onde era só, de longe a abstrata linha.

O sonho é ver as formas invisíveis
Da distância imprecisa, e, com sensíveis
Movimentos da esp'rança e da vontade,
Buscar na linha fria do horizonte
A árvore, a praia, a flor, a ave, a fonte –
Os beijos merecidos da Verdade.[24]

---

24. O poeta mostra o novo mar, agora que foram desvendadas a noite, a cerração, as tormentas passadas e, com o novo mar, o novo horizonte.

III
Padrão

O esforço é grande e o homem é pequeno.
Eu, Diogo Cão, navegador, deixei
Este padrão ao pé do areal moreno
E para diante naveguei.

A alma é divina e a obra é imperfeita.
Este padrão sinala ao vento e aos céus
Que, da obra ousada, é minha a parte feita:
O por fazer é só com Deus.

E ao imenso e possível oceano
Ensinam estas Quinas, que aqui vês,
Que o mar com fim será grego ou romano:
O mar sem-fim é português.

E a Cruz ao alto diz que o que me há na alma
E faz a febre em mim de navegar
Só encontrará de Deus na eterna calma
O porto sempre por achar.[25]

---

25. Escrito em 13/09/1918. Diogo Cão, navegador, chegou a Angola, onde fundou o Padrão de São Jorge. Observa-se, na terceira estrofe, que o poeta coloca o feito português acima dos feitos gregos e romanos.

IV
O mostrengo

O mostrengo que está no fim do mar
Na noite de breu ergueu-se a voar;
À roda da nau voou três vezes,
Voou três vezes a chiar,
E disse: “Quem é que ousou entrar
Nas minhas cavernas que não desvendo,
Meus tetos negros do fim do mundo?”
E o homem do leme disse, tremendo:
“El-Rei D. João Segundo!”

“De quem são as velas onde me roço?
De quem as quilhas que vejo e ouço?”
Disse o mostrengo, e rodou três vezes,
Três vezes rodou imundo e grosso,

“Quem vem poder o que só eu posso,
Que moro onde nunca ninguém me visse
E escorro os medos do mar sem fundo?”
E o homem do leme tremeu, e disse:
“El-Rei D. João Segundo!”

Três vezes do leme as mãos ergueu,
Três vezes ao leme as repreendeu,
E disse no fim de tremer três vezes:
“Aqui ao leme sou mais do que eu:

Sou um Povo que quer o mar que é teu;
E mais que o mostrengo, que me a alma teme
E roda nas trevas do fim do mundo,
Manda a vontade, que me ata ao leme,
De El-Rei D. João Segundo!"[26]

V
Epitáfio de Bartolomeu Dias

Jaz aqui, na pequena praia extrema,
O Capitão do Fim. Dobrado o Assombro,
O mar é o mesmo: já ninguém o tema!
Atlas, mostra alto o mundo no seu ombro[27].

VI
Os colombos

Outros haverão de ter
O que houvermos de perder.
Outros poderão achar
O que, no nosso encontrar,

---

26. Escrito em 09/09/1918. O monstrengo – como o gigante Adamastor n' *Os Lusíadas* – refere-se ao Cabo das Tormentas. A vontade do rei fala mais alto do que o medo de Bartolomeu Dias, e a fuga se transforma em conquista.

27. Navegador português que venceu o Cabo das Tormentas em 1488.

Foi achado, ou não achado,
Segundo o destino dado.

Mas o que a eles não toca
É a Magia que evoca
O Longe e faz dele história.
E por isso a sua glória
É justa auréola dada
Por uma luz emprestada.[28]

VII
Ocidente

Com duas mãos – o Acto e o Destino –
Desvendamos. No mesmo gesto, ao céu
Uma ergue o facho trêmulo e divino
E a outra afasta o véu.

Fosse a hora que haver ou a que havia
A mão que ao Ocidente o véu rasgou,
Foi alma a Ciência e corpo a Ousadia
Da mão que desvendou.

---

28. Escrito em 02/04/1934. Foi o último poema escrito para *Mensagem* em 1934. Nele , Pessoa mostra que quem fez história foram os portugueses, os outros povos descobridores são apenas reflexo daqueles.

Fosse Acaso, ou Vontade, ou Temporal
A mão que ergueu o facho que luziu,
Foi Deus a alma e o corpo Portugal
Da mão que o conduziu.[29]

VIII
Fernão de Magalhães

No vale clareia uma fogueira.
Uma dança sacode a terra inteira.
E sombras disformes e descompostas
Em clarões negros do vale vão
Subitamente pelas encostas,
Indo perder-se na escuridão.

De quem é a dança que a noite aterra?
São os Titãs, os filhos da Terra,
Que dançam da morte do marinheiro
Que quis cingir o materno vulto –
Cingi-lo, dos homens, o primeiro –,
Na praia ao longe por fim sepulto.

---

29. Aqui, um tema recorrente na obra: os descobrimentos foram o cumprimento do destino, e a obra portuguesa foi fruto da vontade de Deus. O poema, que trata das navegações para o Ocidente e, em particular, a descoberta do Brasil, chamou-se originalmente "Os descobridores do Occidente".

Dançam, nem sabem que a alma ousada
Do morto ainda comanda a armada,
Pulso sem corpo ao leme a guiar
As naus no resto do fim do espaço:
Que até ausente soube cercar
A terra inteira com seu abraço.

Violou a Terra. Mas eles não
O sabem, e dançam na solidão;
E sombras disformes e descompostas,
Indo perder-se nos horizontes,
Galgam do vale pelas encostas
Dos mudos montes.[30]

IX
Ascensão de Vasco Da Gama

Os Deuses da tormenta e os gigantes da terra
Suspendem de repente o ódio da sua guerra
E pasmam. Pelo vale onde se ascende aos céus
Surge um silêncio, e vai, da névoa ondeando
[os véus,

30. O poema refere-se à primeira viagem de circum-navegação da Terra, iniciada por Fernão de Magalhães e terminada por Sebastián Elcano, quando Fernão foi morto em combate por nativos de uma das ilhas do arquipélago filipino.

Primeiro um movimento e depois um
[assombro.
Ladeiam-no, ao durar, os medos, ombro a
[ombro,
E ao longe o rastro ruge em nuvens e clarões.

Embaixo, onde a terra é, o pastor gela,
[e a flauta
Cai-lhe, e em êxtase vê, à luz de mil trovões,
O céu abrir o abismo à alma do Argonauta.[31]

X
Mar português

Ó mar salgado, quanto do teu sal
São lágrimas de Portugal!
Por te cruzarmos, quantas mães choraram,
Quantos filhos em vão rezaram!
Quantas noivas ficaram por casar
Para que fosses nosso, ó mar!

Valeu a pena? Tudo vale a pena
Se a alma não é pequena.

31. Escrito em 10/01/1922. Para Fernando Pessoa, são tão grandes os feitos portugueses e, em especial, de Vasco da Gama, que os deuses e os gigantes pasmam diante dele.

Quem quer passar além do Bojador
Tem que passar além da dor.
Deus ao mar o perigo e o abismo deu,
Mas nele é que espelhou o céu.[32]

XI
A última nau

Levando a bordo El-Rei D. Sebastião,
E erguendo, como um nome, alto o pendão
Do Império,
Foi-se a última nau, ao sol aziago
Erma, e entre choros de ânsia e de pressago
Mistério.

Não voltou mais. A que ilha indescoberta
Aportou? Voltará da sorte incerta
Que teve?
Deus guarda o corpo e a forma do futuro,
Mas Sua luz projeta-o, sonho escuro
E breve.

Ah, quanto mais ao povo a alma falta,
Mais a minha alma atlântica se exalta
E entorna,

---

32. O mar é perigo, mas também é céu, é vitória, é recompensa.

E em mim, num mar que não tem tempo
[ou 'spaço,
Vejo entre a cerração teu vulto baço
Que torna.

Não sei a hora, mas sei que há a hora,
Demore-a Deus, chame-lhe a alma embora
Mistério.
Surges ao sol em mim, e a névoa finda:
A mesma, e trazes o pendão ainda
Do Império.[33]

XII
Prece

Senhor, a noite veio e a alma é vil.
Tanta foi a tormenta e a vontade!
Restam-nos hoje, no silêncio hostil,
O mar universal e a saudade.

Mas a chama, que a vida em nós criou,
Se ainda há vida ainda não é finda.

33. Escrito em 31/12/1921 e 01/01/1922. O poema faz da *Mensagem* uma obra de esperança; as duas últimas estrofes referem o regresso de D.Sebastião, determinado a construir um império espiritual universal. O poema se completa no seguinte.

O frio morto em cinzas a ocultou:
A mão do vento pode erguê-la ainda.

Dá o sopro, a aragem – ou desgraça ou ânsia –,
Com que a chama do esforço se remoça,
E outra vez conquistemos a Distância –
Do mar ou outra, mas que seja nossa![34]

34. O poeta pede a ajuda de Deus.

TERCEIRA PARTE

O Encoberto

Pax in excelsis[35]

35. Paz nas alturas

I

Os símbolos

Primeiro

D. Sebastião

Sperai! Caí no areal e na hora adversa
Que Deus concede aos seus
Para o intervalo em que esteja a alma imersa
Em sonhos que são Deus.

Que importa o areal e a morte e a desventura
Se com Deus me guardei?
É O que eu me sonhei que eterno dura,
É Esse que regressarei.[36]

Segundo

O Quinto Império

Triste de quem vive em casa,
Contente com o seu lar,
Sem que um sonho, no erguer de asa,
Faça até mais rubra a brasa
Da lareira a abandonar!

Triste de quem é feliz!
Vive porque a vida dura.

36. O próprio D. Sebastião sonhou ser o imperador, e esse sonho sobreviveu à sua morte. É como imperador do Quinto Império que retornará.

Nada na alma lhe diz
Mais que a lição da raiz –
Ter por vida a sepultura.

Eras sobre eras se somem
No tempo que em eras vem.
Ser descontente é ser homem.
Que as forças cegas se domem
Pela visão que a alma tem!

E assim, passados os quatro
Tempos do ser que sonhou,
A terra será teatro
Do dia claro, que no atro
Da erma noite começou.

Grécia, Roma, Cristandade,
Europa – os quatro se vão
Para onde vai toda idade.
Quem vem viver a verdade
Que morreu D. Sebastião?[37]

---

37. Escrito em 21/02/1933. Uma das ideias fundamentais é a "morte em vida", própria da imperfeição do homem. Triste daquele que não lutar para superá-la. A verdade pela qual D. Sebastião morreu (a busca pelo Quinto Império espiritual) vai ser realizada por Portugal).

Terceiro

O Desejado

Onde quer que, entre sombras e dizeres,
Jazas, remoto, sente-te sonhado,
E ergue-te do fundo de não seres
Para teu novo fado!

Vem, Galaaz com pátria, erguer de novo,
Mas já no auge da suprema prova,
A alma penitente do teu povo
À Eucaristia Nova.

Mestre da Paz, ergue teu gládio ungido,
Excalibur do Fim, em jeito tal
Que sua Luz ao mundo dividido
Revele o Santo Gral![38]

---

38. Escrito em 18/01/1934. Aqui, "o Desejado" é comparado a *sir* Galahad, da Távola Redonda, a quem foi dado conhecer o Santo Graal. O retorno do Santo Graal representaria, para o poeta, a união do mundo dividido. Quando publicou o poema, Pessoa colocou como dedicatória: "À memória do Presidente-Rei". Isso fez com que muitos estudiosos entendessem que era dedicado a Sidônio Pais, eleito presidente em 1917 e morto em 1918, poucos meses depois de assumir o governo. Assim, é comum a interpretação de que Pessoa via no presidente a encarnação de D. Sebastião.

Quarto

As ilhas afortunadas

Que voz vem no som das ondas
Que não é a voz do mar?
É a voz de alguém que nos fala,
Mas que, se escutamos, cala,
Por ter havido escutar.

E só se, meio dormindo,
Sem saber de ouvir ouvimos,
Que ela nos diz a esperança
A que, como uma criança
Dormente, a dormir sorrimos.

São ilhas afortunadas,
São terras sem ter lugar,
Onde o Rei mora esperando.
Mas, se vamos despertando,
Cala a voz, e há só mar.[39]

---

39. Escrito em 26/03/1934. Como o poema anterior, também dialoga com o ciclo da Távola Redonda. Depois da batalha de Camlann, o rei Artur, mortalmente ferido, foi levado para a ilha de Avalon (uma "ilha afortunada"), onde, em vez de morrer, ficou adormecido para um dia retornar para salvar o seu povo e restaurar o seu reino.

Quinto

O Encoberto

Que símbolo fecundo
Vem na aurora ansiosa?
Na Cruz Morta do Mundo
A Vida, que é a Rosa.

Que símbolo divino
Traz o dia já visto?
Na Cruz, que é o Destino,
A Rosa, que é o Cristo.

Que símbolo final
Mostra o sol já desperto?
Na Cruz morta e fatal
A Rosa do Encoberto.[40]

---

40. Escrito em 21/02/1933 e 11/02/1934. Poema místico, de clara referência à Rosa-Cruz, sociedade ou fraternidade religiosa secreta criada em 1614, caracterizada como a síntese do ocultismo medieval. O poema trabalha com três símbolos (aquilo que está latente no homem, portador da imagem divina, para ser desenvolvido): o fecundo, o divino e o final. Todos ligados à Rosa, que é o círculo e a perfeição, a verdadeira vocação humana, da qual a consciência é uma fase preparatória para o autoaperfeiçoamento. O rosacrucianismo mantém fortes laços com a maçonaria.

II

Os avisos

Primeiro

O bandarra

Sonhava, anônimo e disperso,
O Império por Deus mesmo visto,
Confuso como o Universo
E plebeu como Jesus Cristo.

Não foi nem santo nem herói,
Mas Deus sagrou com Seu sinal
Este, cujo coração foi
Não português mas Portugal.[41]

Segundo

Antonio Vieira

O céu 'strela o azul e tem grandeza.
Este, que teve a fama e à glória tem,
Imperador da língua portuguesa,
Foi-nos um céu também.

No imenso espaço seu de meditar,
Constelado de forma e de visão,

---

41. Escrito em 28/03/1930. O poema trata de Gonçalo Anes, sapateiro de Troncoso e poeta (1500-1556) célebre por suas trovas, em que profetizava as crises políticas do Império e o regresso do rei D. Sebastião.

Surge, prenúncio claro do luar,
El-Rei D. Sebastião.

Mas não, não é luar: é luz do etéreo.
É um dia; e, no céu amplo de desejo,
A madrugada irreal do Quinto Império
Doira as margens do Tejo.[42]

Terceiro

Screvo meu livro à beira-mágoa.
Meu coração não tem que ter.
Tenho meus olhos quentes de água.
Só tu, Senhor, me dás viver.

Só te sentir e te pensar
Meus dias vácuos enche e doura.
Mas quando quererás voltar?
Quando é o Rei? Quando é a Hora?

Quando virás a ser o Cristo
De a quem morreu o falso Deus,

---

42. Escrito em 31/07/1929. Este "imperador da língua portuguesa" foi o maior orador do seu tempo e um dos maiores estilistas da prosa portuguesa, tendo deixado sermões admiráveis. É do Padre Vieira que vem o sebastianismo de Pessoa, uma vez que Vieira acreditava que um grande rei conduziria Portugal ao Quinto Império do Mundo.

E a despertar do mal que existo
A Nova Terra e os Novos Céus?

Quando virás, ó Encoberto,
Sonho das eras português,
Tornar-me mais que o sopro incerto
De um grande anseio que Deus fez?

Ah, quando quererás, voltando,
Fazer minha esperança amor?
Da névoa e da saudade quando?
Quando, meu Sonho e meu Senhor?[43]

---

43. Escrito em 10/12/1928. Único poema de *Mensagem* que não possui título. Aqui, o próprio Fernando Pessoa se torna o mensageiro, é o poeta a anunciar a volta de D. Sebastião, ao mesmo tempo em que o evoca.

III

Os tempos

Primeiro

Noite

A nau de um deles tinha-se perdido
No mar indefinido.
O segundo pediu licença ao Rei
De, na fé e na lei
Da descoberta, ir em procura
Do irmão no mar sem-fim e a névoa escura.

Tempo foi. Nem primeiro nem segundo
Volveu do fim profundo
Do mar ignoto à pátria por quem dera
O enigma que fizera.
Então o terceiro a El-Rei rogou
Licença de os buscar, e El-Rei negou.

Como a um cativo, o ouvem a passar
Os servos do solar.
E, quando o veem, veem a figura
Da febre e da amargura,
Com fixos olhos rasos de ânsia
Fitando a proibida azul distância.

Senhor, os dois irmãos do nosso Nome
O Poder e o Renome –

Ambos se foram pelo mar da idade
À tua eternidade;
E com eles de nós se foi
O que faz a alma poder ser de herói.

Queremos ir buscá-los, desta vil
Nossa prisão servil:
É a busca de quem somos, na distância
De nós; e, em febre de ânsia,
A Deus as mãos alçamos.

Mas Deus não dá licença que partamos.[44]

Segundo

Tormenta

Que jaz no abismo sob o mar que se ergue?
Nós, Portugal, o poder ser.
Que inquietação do fundo nos soergue?
O desejar poder querer.

---

44. O poema refere o episódio da exploração da América: Gaspar Corte-Real explorou as costas do Canadá, em 1500, mas não regressou. O seu irmão Miguel foi procurá-lo e sua nau se perdeu. Vasco Corte-Real pediu, então, autorização ao rei D. Manuel para sair à procura de seus irmãos, mas teve seu pedido negado. Observa-se, entretanto, o caráter fortemente alegórico do poema; mais do que aos irmãos, ele se refere ao próprio povo português.

Isto, e o mistério de que a noite é o fausto...
Mas súbito, onde o vento ruge,
O relâmpago, farol de Deus, um hausto
Brilha, e o mar 'scuro 'struge.[45]

Terceiro

Calma

Que costa é que as ondas contam
E se não pode encontrar
Por mais naus que haja no mar?
O que é que as ondas encontram
E nunca se vê surgindo?
Este som de o mar praiar
Onde é que está existindo?

Ilha próxima e remota,
Que nos ouvidos persiste,
Para a vista não existe.
Que nau, que armada, que frota
Pode encontrar o caminho
À praia onde o mar insiste,
Se à vista o mar é sozinho?

---

45. Escrito em 26/02/1934. Como o poema anterior, também é fortemente alegórico, Pessoa coloca o leitor diante da tempestade com que se configura a inquietação portuguesa no desejo e na esperança da vinda do Quinto Império.

Haverá rasgões no espaço
Que deem para outro lado,
E que, um deles encontrado,
Aqui, onde há só sargaço,
Surja uma ilha velada,
O país afortunado
Que guarda o Rei desterrado
Em sua vida encantada?[46]

Quarto

Antemanhã

O mostrengo que está no fim do mar
Veio das trevas a procurar
A madrugada do novo dia,
Do novo dia sem acabar;
E disse: "Quem é que dorme a lembrar
Que desvendou o Segundo Mundo,
Nem o Terceiro quer desvendar?"

E o som na treva de ele rodar
Faz mau o sono, triste o sonhar,
Rodou e foi-se o mostrengo servo
Que seu senhor veio aqui buscar.

---

46. Escrito em 15/02/1934. O poema remete àquele intitulado "As ilhas afortunadas". Depois da "tormenta" do povo português, vem a "calma".

Que veio aqui seu senhor chamar –
Chamar Aquele que está dormindo
E foi outrora Senhor do Mar.[47]

Quinto

Nevoeiro

Nem rei nem lei, nem paz nem guerra,
Define com perfil e ser
Este fulgor baço da terra
Que é Portugal a entristecer –
Brilho sem luz e sem arder,
Como o que o fogo-fátuo encerra.

Ninguém sabe que coisa quer.
Ninguém conhece que alma tem,
Nem o que é mal nem o que é bem.
(Que ânsia distante perto chora?)
Tudo é incerto e derradeiro.

---

47. Escrito em 08/07/1933. O poema é uma clara referência à Segunda Epístola de S. Pedro que divide os Tempos em três: o Primeiro Mundo (da Criação ao Dilúvio), o Segundo Mundo (o nosso até a vinda de Cristo) e o Terceiro Mundo (eterno). Para o poeta, o último confunde-se com o Quinto Império espiritual. Observe-se que, na claridade que antecede a manhã, o mostrengo servo, simbolizando as conquistas portuguesas, vem acordar Portugal, aquele que já foi senhor dos mares e que, no presente, está dormindo.

Tudo é disperso, nada é inteiro.
Ó Portugal, hoje és nevoeiro...

É a hora![48]

Valete, Fratres[49].

48. Escrito em 10/12/1928. Nota-se, no poema, o desencanto com o Portugal do presente, uma imagem de decadência. Portugal é o nevoeiro e, segundo as profecias, é o nevoeiro que marcará o regresso de D. Sebastião, é, portanto, a "Hora", a hora em que o rei salvador voltará e transformará o passado glorioso em futuro glorioso, dando, finalmente, a Portugal o Quinto Império espiritual.

49. Segundo Robert Bréchon é uma citação de um ritual iniciático, como a marca que os maçons da Idade Média inscreviam num lugar qualquer da catedral depois de terminada.

Cronologia

1888 – Filho de Joaquim de Seabra Pessoa, funcionário e crítico musical, e de Maria Madalena Pinheiro Nogueira, nasce Fernando Antônio Nogueira Pessoa em 13 de junho, no Largo de São Carlos, em Lisboa.

1893 – Nasce o irmão Jorge. O pai, Joaquim Pessoa, morre de tuberculose. A família se instala na casa de Dionísia, avó paterna, louca.

1894 – Morre Jorge. Fernando Pessoa cria seu primeiro "heterônimo", "Chevalier de Pas".

1895 – Escreve o seu primeiro poema, infantil, intitulado "À Minha Querida Mamã". A mãe, Madalena Nogueira, casa por procuração com o comandante João Miguel Rosa, cônsul de Portugal em Durban, África do Sul.

1896 – Parte com a mãe e um tio-avô, Cunha, para Durban. Nasce a irmã Henriqueta Madalena. Inicia o curso primário na escola de freiras irlandesas da West Street.

1897 – Faz a primeira comunhão.

1898 – Nasce a outra irmã: Madalena.

1899 – Ingressa na Durban High School e, com louvor, passa, na metade do ano, para o ciclo superior.

1900 – Nasce o irmão Luís Miguel. Admitido no terceiro ano do liceu, obtém o prêmio de Francês e, no final do ano, em dezembro, é admitido no quarto ano.

1901 – Escreve o primeiro poema em inglês: "Separate from thee". Morre a irmã Madalena. Parte com a família para um ano de férias em Portugal.

1902 – Nasce o irmão João. Escreve o primeiro poema conhecido em português: "Quando ela passa..." Como a família regressara antes dele, em setembro, Pessoa volta sozinho para a África do Sul.

1903 – Submete-se ao exame de admissão à Universidade do Cabo. Obtém a melhor nota entre os 899 candidatos no ensaio de estilo inglês, o que lhe vale o Prêmio Rainha Vitória. Cria o "heterônimo" Alexander Search.

1904 – Primeiro texto impresso: ensaio sobre *Macaulay*, na revista do liceu. Termina seus estudos na África do Sul. Nascimento da irmã Maria Clara. Criação do "heterônimo" Charles Robert Anon.

1905 – Retorna a Lisboa, onde passa a viver com uma tia-avó, Maria. Continua a escrever poemas em inglês. Inscreve-se na Faculdade de Letras, mas quase não frequenta.

1906 – A mãe e o padrasto retornam a Lisboa para férias de seis meses, e Pessoa volta a morar com eles. Morre Maria Clara.

1907 – A família retorna mais uma vez a Durban. Pessoa passa a morar com a avó e as tias. Desiste do curso de Letras. Em agosto, a avó morre e lhe deixa uma pequena herança. Com o dinheiro, inaugura a tipografia Íbis.

1908 – Começa a trabalhar como correspondente estrangeiro em escritórios comerciais. Começa a escrever cenas do "Fausto", obra que nunca terminará.

1910 – Escreve poesia e prosa em português, inglês e francês.

1911 – Escreve "Análise", iniciando o lirismo tipicamente pessoano.

1912 – Conhece Mário de Sá-Carneiro, de quem se tornará grande amigo. Pessoa estreia publicando artigos em *A Águia*, provocando polêmicas junto à intelectualidade portuguesa. Passa a viver com a tia Anica.

1913 – Escreve os primeiros poemas esotéricos; escreve "Impressões do Crepúsculo" (poema paulista); "Epithalamium" (primeiro poema erótico, em inglês);"Gládio" (que depois usará na *Mensagem);* "O Marinheiro" (em 48 horas). Publica, em *A Águia,* "Floresta do Alheamento", apresentado como fragmento do *Livro do desassossego.*

1914 – Primeiras publicações, como poeta, na *Revista Renascença:* "Impressões do crepúsculo" e "Ó sino da minha aldeia". Cria os heterônimos Álvaro de Campos, Ricardo Reis e Alberto Caeiro. Escreve os poemas de *O guardador de rebanhos,* "Chuva oblíqua", odes de Ricardo Reis e a "Ode Triunfal" de Campos.

1915 – Lança os dois primeiros números de *Orpheu,* que provocam escândalo. Crise no grupo do Orpheu: Álvaro de Campos ataca Afonso Costa.

1916 – Pessoa fica deprimido com o suicídio de Mário de Sá-Carneiro. Publicação em revista da série de sonetos esotéricos *Passos da Cruz.*

1917 – Publicação do "Ultimatum", de Campos, na *Revista Portugal Futurista.*

1918 – Pessoa publica dois livrinhos de poemas em inglês, resenhados com destaque na *Times.*

1919 – Morre o comandante Rosa.

1920 – Conhece Ophélia Queiroz, a quem passa a namorar. Sua mãe e seus irmãos voltam para Portugal. Em outubro, atravessa uma grande depressão, que o leva a pensar em internar-se numa casa de saúde. Rompe com Ophélia.

1921 – Funda a editora Olisipo, onde publica poemas em inglês.

1922 – Publica *Mar português*, com poemas que serão retomados na *Mensagem.*

1924 – Publica, na *Revista Atena,* vários poemas de Campos.

1925 – Publica, na *Atena*, poemas de Alberto Caeiro. Decide parar a publicação da revista. Morre, em Lisboa, a mãe do poeta, em 17 de março. Seu estado psíquico o inquieta, escreve a um amigo, manifestando desejo de ser hospitalizado.

1926 – Cria, com o cunhado, a *Revista de Comércio e Contabilidade.*

1927 – A *Revista Presença* reconhece Pessoa como mestre da nova geração de poetas. Publica, na revista, um poema seu, um do Álvaro de Campos e *odes* de Ricardo Reis.

1928 – Campos escreve "Tabacaria". Pessoa escreve poemas que integrarão *Mensagem.*

1929 – Publica fragmentos do *Livro do desassossego,* creditando-os a Bernardo Soares. Volta a se relacionar com Ophélia.

1930 – Rompe com Ophélia. Encontra o "mago" Aleister Crowley.

1931 – Escreve "Autopsicografia". Publica fragmentos do *Livro do desassossego.*

1932 – Continua publicando fragmentos do *Livro do desassossego.*

1933 – Publica "Tabacaria" e escreve o poema esotérico "Eros e Psique".

1934 – Finaliza *Portugal,* que, depois será chamado de *Mensagem.* Candidata-se ao Prêmio Antero de Quental. Escreve mais de trezentas quadras populares. Recebe o segundo lugar no concurso. Publica *Mensagem.*

1935 – Escreve a famosa carta a Adolfo Casais Monteiro, em que explica a gênese dos heterônimos. Redige sua nota biográfica, na qual se diz "conservador antirreacionário", "cristão gnóstico" e membro da Ordem dos Templários. Em 29 de novembro, é internado com o diagnóstico de cólica hepática. A sua última frase, escrita em inglês, diz: "*I know not what tomorrow will bring*". Morre no dia 30, às 20h30.

Coleção L&PM POCKET

1190.**Procurando diversão** – Mauricio de Sousa
1191.**E não sobrou nenhum e outras peças** – Agatha Christie
1192.**Ansiedade** – Daniel Freeman & Jason Freeman
1193.**Garfield: pausa para o almoço** – Jim Davis
1194.**Contos do dia e da noite** – Guy de Maupassant
1195.**O melhor de Hagar 7** – Dik Browne
1196(29).**Lou Andreas-Salomé** – Dorian Astor
1197(30).**Pasolini** – René de Ceccatty
1198.**O caso do Hotel Bertram** – Agatha Christie
1199.**Crônicas de motel** – Sam Shepard
1200.**Pequena filosofia da paz interior** – Catherine Rambert
1201.**Os sertões** – Euclides da Cunha
1202.**Treze à mesa** – Agatha Christie
1203.**Bíblia** – John Riches
1204.**Anjos** – David Albert Jones
1205.**As tirinhas do Guri de Uruguaiana 1** – Jair Kobe
1206.**Entre aspas (vol.1)** – Fernando Eichenberg
1207.**Escrita** – Andrew Robinson
1208.**O spleen de Paris: pequenos poemas em prosa** – Charles Baudelaire
1209.**Satíricon** – Petrônio
1210.**O avarento** – Molière
1211.**Queimando na água, afogando-se na chama** – Bukowski
1212.**Miscelânea septuagenária: contos e poemas** – Bukowski
1213.**Que filosofar é aprender a morrer e outros ensaios** – Montaigne
1214.**Da amizade e outros ensaios** – Montaigne
1215.**O medo à espreita e outras histórias** – H.P. Lovecraft
1216.**A obra de arte na era de sua reprodutibilidade técnica** – Walter Benjamin
1217.**Sobre a liberdade** – John Stuart Mill
1218.**O segredo de Chimneys** – Agatha Christie
1219.**Morte na rua Hickory** – Agatha Christie
1220.**Ulisses (Mangá)** – James Joyce
1221.**Ateísmo** – Julian Baggini
1222.**Os melhores contos de Katherine Mansfield** – Katherine Mansfield
1223(31).**Martin Luther King** – Alain Foix
1224.**Millôr Definitivo: uma antologia de *A Bíblia do Caos*** – Millôr Fernandes
1225.**O Clube das Terças-Feiras e outras histórias** – Agatha Christie
1226.**Por que sou tão sábio** – Nietzsche
1227.**Sobre a mentira** – Platão
1228.**Sobre a leitura** ***seguido do*** **Depoimento de Céleste Albaret** – Proust
1229.**O homem do terno marrom** – Agatha Christie
1230(32).**Jimi Hendrix** – Franck Médioni
1231.**Amor e amizade e outras histórias** – Jane Austen
1232.**Lady Susan, Os Watson e Sanditon** – Jane Austen
1233.**Uma breve história da ciência** – William Bynum
1234.**Macunaíma: o herói sem nenhum caráter** – Mário de Andrade
1235.**A máquina do tempo** – H.G. Wells
1236.**O homem invisível** – H.G. Wells
1237.**Os 36 estratagemas: manual secreto da arte da guerra** – Anônimo
1238.**A mina de ouro e outras histórias** – Agatha Christie
1239.**Pic** – Jack Kerouac
1240.**O habitante da escuridão e outros contos** – H.P. Lovecraft
1241.**O chamado de Cthulhu e outros contos** – H.P. Lovecraft
1242.**O melhor de Meu reino por um cavalo!** – Edição de Ivan Pinheiro Machado
1243.**A guerra dos mundos** – H.G. Wells
1244.**O caso da criada perfeita e outras histórias** – Agatha Christie
1245.**Morte por afogamento e outras histórias** – Agatha Christie
1246.**Assassinato no Comitê Central** – Manuel Vázquez Montalbán
1247.**O papai é pop** – Marcos Piangers
1248.**O papai é pop 2** – Marcos Piangers
1249.**A mamãe é rock** – Ana Cardoso
1250.**Paris boêmia** – Dan Franck
1251.**Paris libertária** – Dan Franck
1252.**Paris ocupada** – Dan Franck
1253.**Uma anedota infame** – Dostoiévski
1254.**O último dia de um condenado** – Victor Hugo
1255.**Nem só de caviar vive o homem** – J.M. Simmel
1256.**Amanhã é outro dia** – J.M. Simmel
1257.**Mulherzinhas** – Louisa May Alcott
1258.**Reforma Protestante** – Peter Marshall
1259.**História econômica global** – Robert C. Allen
1260(33).**Che Guevara** – Alain Foix
1261.**Câncer** – Nicholas James
1262.**Akhenaton** – Agatha Christie
1263.**Aforismos para a sabedoria de vida** – Arthur Schopenhauer
1264.**Uma história do mundo** – David Coimbra
1265.**Ame e não sofra** – Walter Riso
1266.**Desapegue-se!** – Walter Riso
1267.**Os Sousa: Uma famíla do barulho** – Mauricio de Sousa
1268.**Nico Demo: O rei da travessura** – Mauricio de Sousa
1269.**Testemunha de acusação e outras peças** – Agatha Christie

1270(34).**Dostoiévski** – Virgil Tanase
1271.**O melhor de Hagar 8** – Dik Browne
1272.**O melhor de Hagar 9** – Dik Browne
1273.**O melhor de Hagar 10** – Dik e Chris Browne
1274.**Considerações sobre o governo representativo** – John Stuart Mill
1275.**O homem Moisés e a religião monoteísta** – Freud
1276.**Inibição, sintoma e medo** – Freud
1277.**Além do princípio de prazer** – Freud
1278.**O direito de dizer não!** – Walter Riso
1279.**A arte de ser flexível** – Walter Riso
1280.**Casados e descasados** – August Strindberg
1281.**Da Terra à Lua** – Júlio Verne
1282.**Minhas galerias e meus pintores** – Kahnweiler
1283.**A arte do romance** – Virginia Woolf
1284.**Teatro completo v. 1: As aves da noite *seguido de* O visitante** – Hilda Hilst
1285.**Teatro completo v. 2: O verdugo *seguido de* A morte do patriarca** – Hilda Hilst
1286.**Teatro completo v. 3: O rato no muro *seguido de* Auto da barca de Camiri** – Hilda Hilst
1287.**Teatro completo v. 4: A empresa *seguido de* O novo sistema** – Hilda Hilst
1289.**Fora de mim** – Martha Medeiros
1290.**Divã** – Martha Medeiros
1291.**Sobre a genealogia da moral: um escrito polêmico** – Nietzsche
1292.**A consciência de Zeno** – Italo Svevo
1293.**Células-tronco** – Jonathan Slack
1294.**O fim do ciúme e outros contos** – Proust
1295.**A jangada** – Júlio Verne
1296.**A ilha do dr. Moreau** – H.G. Wells
1297.**Ninho de fidalgos** – Ivan Turguêniev
1298.**Jane Eyre** – Charlotte Brontë
1299.**Sobre gatos** – Bukowski
1300.**Sobre o amor** – Bukowski
1301.**Escrever para não enlouquecer** – Bukowski
1302.**222 receitas** – J. A. Pinheiro Machado
1303.**Reinações de Narizinho** – Monteiro Lobato
1304.**O Saci** – Monteiro Lobato
1305.**Memórias da Emília** – Monteiro Lobato
1306.**O Picapau Amarelo** – Monteiro Lobato
1307.**A reforma da Natureza** – Monteiro Lobato
1308.**Fábulas *seguido de* Histórias diversas** – Monteiro Lobato
1309.**Aventuras de Hans Staden** – Monteiro Lobato
1310.**Peter Pan** – Monteiro Lobato
1311.**Dom Quixote das crianças** – Monteiro Lobato
1312.**O Minotauro** – Monteiro Lobato
1313.**Um quarto só seu** – Virginia Woolf
1314.**Sonetos** – Shakespeare
1315(35).**Thoreau** – Marie Berthoumieu e Laura El Makki
1316.**Teoria da arte** – Cynthia Freeland
1317.**A arte da prudência** – Baltasar Gracián
1318.**O louco *seguido de* Areia e espuma** – Khalil Gibran
1319.**O profeta *seguido de* O jardim do profeta** – Khalil Gibran
1320.**Jesus, o Filho do Homem** – Khalil Gibran
1321.**A luta** – Norman Mailer
1322.**Sobre o sofrimento do mundo e outros ensaios** – Schopenhauer
1323.**Epidemiologia** – Rodolfo Sacacci
1324.**Japão moderno** – Christopher Goto-Jones
1325.**A arte da meditação** – Matthieu Ricard
1326.**O adversário secreto** – Agatha Christie
1327.**Pollyanna** – Eleanor H. Porter
1328.**Espelhos** – Eduardo Galeano
1329.**A Vênus das peles** – Sacher-Masoch
1330.**O 18 de brumário de Luís Bonaparte** – Karl Marx
1331.**Um jogo para os vivos** – Patricia Highsmith
1332.**A tristeza pode esperar** – J.J. Camargo
1333.**Vinte poemas de amor e uma canção desesperada** – Pablo Neruda
1334.**Judaísmo** – Norman Solomon
1335.**Esquizofrenia** – Christopher Frith & Eve Johnstone
1336.**Seis personagens em busca de um autor** – Luigi Pirandello
1337.**A Fazenda dos Animais** – George Orwell
1338.**1984** – George Orwell
1339.**Ubu Rei** – Alfred Jarry
1340.**Sobre bêbados e bebidas** – Bukowski
1341.**Tempestade para os vivos e para os mortos** – Bukowski
1342.**Complicado** – Natsume Ono
1343.**Sobre o livre-arbítrio** – Schopenhauer
1344.**Uma breve história da literatura** – John Sutherland
1345.**Você fica tão sozinho às vezes que até faz sentido** – Bukowski
1346.**Um apartamento em Paris** – Guillaume Musso
1347.**Receitas fáceis e saborosas** – José Antonio Pinheiro Machado
1348.**Por que engordamos** – Gary Taubes
1349.**A fabulosa história do hospital** – Jean-Noël Fabiani
1350.**Voo noturno *seguido de* Terra dos homens** – Antoine de Saint-Exupéry
1351.**Doutor Sax** – Jack Kerouac
1352.**O livro do Tao e da virtude** – Lao-Tsé
1353.**Pista negra** – Antonio Manzini
1354.**A chave de vidro** – Dashiell Hammett
1355.**Martin Eden** – Jack London
1356.**Já te disse adeus, e agora, como te esqueço?** – Walter Riso
1357.**A viagem do descobrimento** – Eduardo Bueno
1358.**Náufragos, traficantes e degredados** – Eduardo Bueno
1359.**Retrato do Brasil** – Paulo Prado
1360.**Maravilhosamente imperfeito, escandalosamente feliz** – Walter Riso
1361.**É...** – Millôr Fernandes
1362.**Duas tábuas e uma paixão** – Millôr Fernandes
1363.**Selma e Sinatra** – Martha Medeiros
1364.**Tudo que eu queria te dizer** – Martha Medeiros
1365.**Várias histórias** – Machado de Assis

IMPRESSÃO:

PALLOTTI
GRÁFICA

Santa Maria - RS | Fone: (55) 3220.4500
www.graficapallotti.com.br